John Ortberg

Stark in stürmischen Zeiten

AUF:ATMEN
Inspiration

John Ortberg arbeitet seit 1995 als Lehrpastor in der Willow Creek Community Church in Chicago. Er studierte Theologie (Master of Divinity) und Klinische Psychologie (Ph. D.) am Fuller Theological Seminary in Passadena. Sein bekanntestes Buch ist *„Das Leben, nach dem du dich sehnst“*.

John Ortberg

Stark in stürmischen Zeiten

R. BROCKHAUS VERLAG WUPPERTAL

Auf:Atmen Inspiration
erscheint in Zusammenarbeit
zwischen dem R. Brockhaus Verlag Wuppertal
und dem Bundes-Verlag Witten
Herausgeber Ulrich Eggers

Der Text geht auf zwei Predigten zurück, die John Ortberg in der Willow Creek Community Church, Chicago, gehalten hat: STRENGTH FOR THE STORMS OF LIFE: LOSS und BETRAYAL (1997). Sie wurden für diese Buchausgabe bearbeitet.

Deutsch von Silvia Lutz

Umschlaggestaltung: Dietmar Reichert, Dormagen
Umschlagfoto: M. Pawlitzki, Augsburg
Gesamtherstellung: Breklumer Druckerei Manfred Siegel KG
ISBN 3-417-24441-2
Bestell-Nr. 224 441

Stark in Verlusten

Vor etwa zwanzig Jahren habe ich meine Frau kennen gelernt. Ein Ehepaar lud uns beide ein. Wir kannten uns noch nicht. Sie hatten uns überredet, uns auf einen „blind date" einzulassen. Wir verbrachten einen schönen Abend miteinander.

Ich wollte Nancy gern wiedersehen, aber ich wusste nicht, wie ich das bewerkstelligen sollte. Das Paar, das uns einander vorgestellt hatte, war wieder abgereist, und ich hatte keine Ahnung, wie ich Kontakt zu ihnen aufnehmen sollte. Nancy gleich am ersten Abend nach ihrer Telefonnummer zu fragen, hatte ich als nicht passend empfunden.

Das Einzige, was ich wusste, war der Name von Nancys Gemeinde. Ich arbeitete als Pastor in einer anderen Gemeinde. Also rief ich in ihrer

Gemeinde an: „Ich brauche die Telefonnummer von einem Ihrer Gemeindemitglieder. Sie heißt Nancy Berg. Ich bin Pastor in der Gemeinde in La Crescenta. Es geht um eine seelsorgerliche Frage. Könnten Sie mir bitte ihre Telefonnummer geben?"

Die Sekretärin ließ mich warten. Schließlich kam sie wieder an den Apparat und gab mir Nancys Telefonnummer. Was ich damals nicht wusste: Die Sekretärin war Nancys Mutter. Sie ließ mich warten und rief schnell Nancy an: „Am Telefon ist ein gewisser John Ortberg, der deine Nummer wissen will. Soll ich sie ihm geben?"

Nancy wurde ganz aufgeregt und bat: „Ja! Stell ihn doch gleich zu mir durch."

Bei unserer Hochzeit war unsere Freundin Elizabeth eine von den Brautjungfern. Sie führte ein sehr interessantes Leben und war eine intelligente, engagierte und schöne junge Frau. Sie war überall gern gesehen.

Nicht lange nach unserer Hochzeit verliebte sie sich in Richard und heiratete ihn. Elizabeth ist Psychologin, Richard Anwalt; damals war er Assistent beim Bezirksanwalt. Alle Gäste auf dieser Hochzeit befanden sich entweder in Therapie oder im Strafvollzug!

Nancy gehörte zu den Brautjungfern. Kurz vor der Hochzeit beklagte sich Elizabeth, dass für das große Ereignis nicht alles so perfekt sei, wie es sein sollte, denn sie hatte sich beim Tanken einen Fingernagel abgebrochen.

Mit breitem Südstaatenakzent sagte sie: „Ich habe mit Richard gesprochen. Wenn wir verheiratet sind, muss ich nie wieder tanken fahren. Das hat er mir versprochen!" Bis dahin war das Schlimmste, womit sie fertig werden musste, ein abgebrochener Fingernagel!

Warum kann das Leben nicht immer leicht und einfach sein?

Aber Stürme machen vor keinem Leben Halt. Elizabeth und Richard waren verheiratet und wünschten sich sehnlich Kinder. Sie warteten viele Jahre und mussten zwei Fehlgeburten verkraften. Es tat ihnen sehr weh zuzusehen, wie andere Paare mit dem Kinderwagen spazieren gingen, und andere darüber jammern zu hören, dass sie die ganze Nacht von ihrem Baby wachgehalten wurden. Sie wünschten sich nichts sehnlicher, als nachts von weinenden Kindern geweckt zu werden.

Schließlich wurde bei Elizabeth die Ursache für ihre Kinderlosigkeit festgestellt. Sie ließ sich operieren und gebar ein kleines Mädchen.

Im folgenden Jahr flog Richard bei einem Ritt vom Pferd und blieb bewusstlos liegen. Als er wieder zu sich kam, stieg er ins Auto und fuhr ins Krankenhaus. Dort röntgte man ihn, ließ ihn den Kopf nach allen Seiten drehen und erklärte: „Ihnen fehlt nichts."

Er erwiderte: „Ich habe aber ziemlich starke Schmerzen. Könnte ich ein paar Schmerztabletten und eine Halskrause bekommen, die meinen Nacken ein wenig stützt?" Er wurde nach Hause geschickt, aber die Schmerzen waren so schlimm, dass die Schmerztabletten nach drei Tagen aufgebraucht waren.

Richard rief einen befreundeten Arzt an und fragte ihn um Rat. Dieser überwies ihn an einen Spezialisten. Der Spezialist warf einen Blick auf die Röntgenaufnahmen, die drei Tage vorher gemacht worden waren, und sah sofort, dass etwas Furchtbares passiert war: Der erste und zweite Halswirbel waren angebrochen. Das führt im Normalfall zur Lähmung vom Hals abwärts oder zum Tod. Der Arzt verpasste Richard sofort einen Streckverband und sagte: „Bewegen Sie sich nicht. Am besten atmen Sie auch nicht und denken nicht.“ Ein Chirurg wurde eingeflogen, um Richard zu operieren.

Auf Elizabeths Frage, er sei wohl ein Fachmann auf diesem Gebiet, erklärte der Chirurg: „Solche Verletzungen sind so selten, dass niemand ein Fachmann ist. Ich operiere so etwas ungefähr dreimal im Jahr.“

Wenn Richard in den letzten drei Tagen auch nur geniest oder sich in die falsche Richtung gedreht hätte, hätte er querschnittsgelähmt oder tot sein können. Es bestand immer noch die Gefahr, dass er die Operation nicht überlebte.

Gott sei Dank verlief die Operation erfolgreich und Richard wurde wieder gesund. Nicht lange danach rief Elizabeth uns an: Sie erwartete ein zweites Kind.

Sie bat uns, für sie zu beten. Die Nachricht war

für sie ziemlich unerwartet gekommen, und sie nahm sie nicht gerade mit Begeisterung auf. Elizabeth hatte deshalb Gewissensbisse, aber so war es nun einmal. Die beiden waren inzwischen in einem Alter, in dem sie lieber keine Kinder mehr bekommen wollten.

Einige Zeit später meldete sich Elizabeth erneut. Sie war beim Arzt gewesen und hatte eine Fruchtwasseruntersuchung vornehmen lassen. In den ersten dreißig Sekunden dieses Telefongesprächs hörte meine Frau nur ein verzweifeltes Schluchzen. Schließlich fing sich Elizabeth so weit, dass sie Nancy erzählen konnte: Bei ihrem kleinen Baby waren Down-Syndrom und schwere Herzfehler festgestellt worden. Man kann sich gut vorstellen, welche Traurigkeit und welche Schuldgefühle diese Nachricht auslöste.

Ihr Schmerz wurde noch durch Freunde verschlimmert, die nicht wussten, wie sie reagieren sollten. Einige sagten: „Euer Baby wird geheilt. Das hat uns Gott gezeigt. Ihr müsst nur glauben. Wir beten für euch."

Die Bibel ist in ihren Aussagen sehr deutlich: Gott kann heilen. Es ist gut, um Heilung zu beten, aber Gott heilt nicht immer. Dieses Baby wurde nicht geheilt. John Mark wurde geboren, und alles, was die Ärzte vor seiner Geburt diagnostiziert hatten, traf ein.

Der Tag wird kommen, an dem Gott die Dinge in Ordnung bringt.

Einige sagten zu Richard und Elizabeth: „Die Leute in unserer Gemeinde werden genau beobachten, wie ihr euch verhaltet." Mit anderen Worten: Trauert nicht und seht nicht traurig aus. Zeigt, wie viel Glauben ihr habt. Jemand sagte doch tatsächlich: „Gott muss euch sehr lieben, wenn er euch ein behindertes Kind schenkt." Was dieser Satz bei den beiden auslöste, möchte ich gar nicht erst beschreiben.

Wenn sie heute jemand fragen würde, würden Richard und Elizabeth antworten, dass sie ihren kleinen Sohn John Mark, der inzwischen sieben Jahre alt ist, über alles lieben. Nach allem, was sie durchmachen mussten, sind sie heute geduldiger als früher. Sie haben mehr Mitgefühl mit anderen, die leiden, und können viel besser helfen. Sie würden sagen, dass sie reifer geworden und gewachsen sind. Aber im gleichen Atemzug würden sie sagen: Wenn sie könnten, würden sie ohne nachzudenken ihre Reife gegen die Gesundheit ihres Kindes eintauschen.

Aus Sicht der Bibel geht es nicht darum, wieder so glücklich wie möglich zu werden, wenn etwas Schlimmes passiert ist.

Die Bibel sagt: Ein Verlust ist etwas, das ausgeglichen und erlöst werden muss, und Gott wird das eines Tages tun. Der Tag wird kommen. Vielleicht nicht heute oder morgen, aber der Tag wird kommen, an dem Gott die Dinge in Ordnung bringt.

Bis das geschieht, müssen wir aber einen Weg finden, wie wir leben können, und uns in einer Welt, die von Stürmen des Lebens und von Verlusten erschüttert wird, für das Leben entscheiden. Früher oder später wird dieser Sturm jedes Leben treffen. Vielleicht lieben wir jemanden und er stirbt. Vielleicht verletzt uns jemand, eine Beziehung zerbricht.

Einige erleben diesen Sturm in der Familie, in der sie aufwachsen und tief verletzt werden. Andere erleben ihn in einer Ehe, die nicht so läuft, wie sie es sich erhoffen. Jemand geht zum

Arzt und erfährt eine schlechte Nachricht. Die Gesundheit und das Leben, das wir immer als selbstverständlich angesehen haben, ist plötzlich bedroht.

Eine der traurigsten Zeiten in meinem Leben war es, als ein Traum starb, den ich viele, viele Jahre lang gehabt hatte. Er war nicht in Erfüllung gegangen, und eines Tages begriff ich, dass er nie in Erfüllung gehen würde. Ich wusste nicht warum. Jeder, der durch diese Welt mit ihren Sorgen und Mühen geht, muss irgendwann mit einem Verlust fertig werden.

Im Folgenden möchte ich mich mit fünf Fragen auseinander setzen, die Menschen seit jeher immer wieder stellen. Und ich möchte fragen: Was sagt die Bibel zu Verlusten, Leiden und Stürmen?

Warum muss ausgerechnet ich das durchmachen?

Werde ich irgendwie bestraft? Habe ich etwas angestellt?

Manchmal bin ich an meinem Leid selbst schuld. Viele von uns haben schon einmal einen

Strafzettel wegen zu schnellen Fahrens bekommen. Aber: Wie viele sind wirklich erwischt worden, wenn sie zu schnell fuhren? Sie wurden nicht geblitzt, obwohl sie es verdient hätten.

Wenn wir lang genug essen, rauchen und herumsitzen, bekommen wir wahrscheinlich gesundheitliche Probleme. Menschen, die andere schädigen, sind am Ende meistens ziemlich einsam. Aber manchmal leiden wir unter sehr tief gehenden und schweren Verlusten, für die wir keinen Grund sehen.

Einer der Gründe, warum uns das so sehr verletzt: Wir leben mit der Illusion, wir hätten alles im Griff. Wenn ich alles berechnen kann und klug, stark und gut genug bin, wenn ich die Sicherheitsgurte richtig anlege und die Airbags funktionieren, kann ich mein Leben vor Unfällen, vor Verlusten und Leiden schützen.

Aus heiterem Himmel kommt eine Krankheit, eine Katastrophe oder eine Enttäuschung. Dann wird uns bewusst: Auf diesem Planeten ist das Leben auch für die Besten, Klügsten und Stärksten unglaublich unsicher.

Was der Prophet Jesaja vor vielen Jahren

schrieb, ist immer noch wahr: „Es spricht eine Stimme: Predige!, und ich sprach: Was soll ich predigen? Alles Fleisch ist Gras, und alle seine Güte ist wie eine Blume auf dem Felde. Das Gras verdorrt, die Blume verwelkt" (aus Jesaja 40,6-7).

Vielleicht müssen Sie heute irgendwann allein sein und Ihr Herz vor Gott ausschütten.

Solange das Gras steht, glaubt es, es wäre fest verwurzelt. Dann kommt eine Trockenperiode, eine Sense oder ein Frost, und es ist fort. So ist das Leben.

Der Autor Jerry Sitzer setzte sich in einem Buch mit einem schweren Verlust auseinander: Eines Tages saß er am Steuer seines Autos. Ein betrunkener Fahrer kam ihm entgegen und prallte frontal mit ihm zusammen. In einem einzigen Augenblick, aus heiterem Himmel, ohne irgendein Verschulden auf seiner Seite, verlor er seine Mutter, seine Frau und seine Tochter. Drei Generationen.

In der Folge spielte er diese Szene tausendmal im Kopf durch. „Was wäre, wenn ich zehn Sekunden früher losgefahren wäre? Wenn ich eine andere Strecke gefahren wäre? Wie kann so etwas Schreckliches passieren?“

Er spricht über den Terror der Willkür und über ein scheinbar so willkürliches Ereignis. Im Laufe der Zeit stellte er fest, dass wir manchmal nie erfahren, warum etwas geschieht. Wir können unser ganzes Leben damit verbringen, aber nie eine Antwort auf diese Frage finden.

Eines Tages traf ihn eine andere Frage: „Es gibt so viel Leid und so viele Verluste auf der Welt. Warum sollte ich nicht betroffen sein?“ Wie kann ich davon ausgehen, dass mein Leben vor Leiden und Verletzungen verschont bleibt? Bin ich ein besserer Mensch als ein Baby, das in Somalia in einer hungernden Familie geboren wird? Wie kann ich meinen, ich würde verschont bleiben?

Allmählich begriff er: Wenn er diesem schweren Verlust trotzen wollte, musste er sich eine viel wichtigere Frage stellen: „Wie reagiere ich, wenn mich der Sturm des Lebens trifft?“

Als Erstes möchte ich klarstellen, was die Bibel *nicht* sagt. Die Bibel sagt *nicht*, wenn wir von Verlusten getroffen werden, sollten wir so tun, als ob es nicht weh tue.

Vielleicht sollten wir heute noch zu jemandem gehen und sagen: „Ich weiß nicht, was ich sagen soll, aber ich bin für dich da."

Vielen von uns wurde schon in der Kindheit immer wieder gesagt, dass wir so tun sollten, als tue es nicht weh. Das sei ein Zeichen für Stärke. Als Männer haben wir oft viele Jahre damit zu kämpfen.

In Gemeinden werden Menschen manchmal dafür gelobt, dass sie geistlich seien, wenn sie mit einer Katastrophe „richtig" umgehen. Sie bewahren eine aufrechte Haltung und verhalten sich so, als mache es ihnen nichts aus. Vielleicht wird starker Druck ausgeübt, man solle nicht trauern. Man spielt den anderen etwas vor.

Als ich noch ein Kind war, unternahmen wir öfters Reisen. Ich war eines von drei Kindern. Auf dem Rücksitz im Auto wurde uns bald langweilig. Bei langen Fahrten stellten wir regelmäßig die Frage, die Kinder auf langen Fahrten immer stellen: „Sind wir bald da?" Wir jammerten, dass es so lang dauere, dass es so eng im Auto sei, was für einen großen Hunger wir hätten, dass es zu heiß oder zu kalt sei.

Dann sagte meine Mutter oft: „Warum spielt ihr nicht: ‚Wer kann am längsten ruhig sein?'" Die Regeln dieses Spiels waren einfach. Man musste einfach ruhig sein. Es gewinnt, wer am längsten ruhig ist. Mit diesem dämlichen Spiel holte sie viele ruhige Kilometer heraus.

In unseren Gemeinden fordern wir auch manchmal Leute auf, „Wer kann am längsten ruhig sein?" zu spielen. Sie sollen so tun, als tue es nicht weh, und sie sollen durch ihr Schweigen zeigen, wie stark sie sind. Wenn wir gefragt werden, wie es uns geht, dann sollen wir antworten: „Gut, ausgezeichnet."

Manchmal laufen Menschen vor ihrem Schmerz davon, indem sie sich beschäftigen, fernsehen, sich in ihre Arbeit stürzen, süchtige Verhaltensweisen annehmen oder viel Geld ausgeben. Die Leute glauben manchmal, ein guter Christ zu sein bedeute, bei großen Verlusten nicht zu trauern. Sie tun so, als könnte man wie in einem Luftkissenboot einfach über Trauer und Leid dahingleiten.

Ich weiß nicht, wie sie auf diese Idee kommen, aber sie haben sie nicht aus der Bibel. In der

Bibel gibt es 150 Psalmen, Lieder und Gebete zu Gott. Einige drücken Lob aus, einige Dank. Viele Klagepsalmen. Sehr oft liest man dort: „Warum, Gott? Gott, wie lange noch? Gott, wo bist du? Warum verbirgst du dein Angesicht vor mir?“ In der Bibel gibt es auch die Klagelieder, ein kleines Buch, das überhaupt nicht fröhlich ist. Der Gott der Bibel ist ein sehr großer Gott, der sich von Leuten, die ihre Wut und ihre Trauer angesichts einer Verletzung hinausschreien, nicht im Geringsten bedroht sieht.

Einige von uns spielen „Wer kann am längsten ruhig sein?“ schon viel zu lange. Sie leiden unter Verlusten, um die sie nie getrauert haben, und quälen sich mit Tränen, die sie nie vergossen haben. Sie müssen aufhören, davonzulaufen oder irgendwohin zu fliehen, und sich dieser Traurigkeit stellen.

Vielleicht müssen Sie einen Menschen suchen, mit dem Sie darüber sprechen können, oder sich einer Selbsthilfegruppe anschließen, in der es um Trauerbewältigung geht. Wir haben in unserer Gemeinde Gruppen eigens für Menschen, die trauern. Vielleicht müssen Sie heute irgendwann allein sein und Ihr Herz vor Gott ausschütten.

Durch ihre Trauer sind Menschen oft isoliert. Vielleicht sollten wir heute einen Brief schreiben, jemanden anrufen, ein Geschenk für jemanden kaufen oder einen anderen Menschen fragen, wie es ihm geht – und uns auch die Zeit nehmen, ihm zuzuhören. Lassen wir nicht locker, bis wir eine ehrliche Antwort bekommen haben!

Sie wissen vielleicht gar nicht, wie sehr das Leben eines Menschen dadurch verändert wird. Letzte Woche schrieb mir eine Frau, wie es für sie war, als vor einiger Zeit ihre Tochter starb. In unserer Gemeinde liegt beim Eingang immer eine aktuelle Liste mit den Namen von Menschen aus, die unter einem schweren Verlust leiden. Diese Frau erzählte, dass ihr viele Menschen, die sie nicht einmal kannte, geschrieben hatten. Sie sagte: „Diese Leute können sich gar nicht vorstellen, wie gut mir das getan hat."

Der Apostel Paulus schreibt in der Bibel, dass wir mit den Trauernden trauern sollen. Er schreibt *nicht*, dass wir den Trauernden gute Ratschläge geben sollten oder theologische Erklärungen, warum sie trauern.

Paulus sagt auch nicht: Geht zu den Trauernden, sagt ihnen, es sei alles nicht so schlimm, und erklärt ihnen, es hätte noch schlimmer kommen können. Vielmehr sagt er: „Trauert mit ihnen“ (Römer 12,15).

Vielleicht sollten wir am besten heute noch zu jemandem gehen und sagen: „Es tut mir Leid“, oder: „Du sollst wissen, dass ich an dich denke“, oder: „Ich weiß nicht, was ich sagen soll, aber ich bin für dich da.“ Manchmal sagen wir am besten gar nichts, sondern umarmen den anderen nur und sind einfach für ihn da.

Wie schütze ich mich vor Verlusten?

Wenn wir einen Verlust erlitten haben, der weh tut, kommen wir irgendwann bei unserem Heilungsprozess an einen Punkt, an dem wir uns entscheiden müssen.

Etwas in uns sagt: „Ich will so einen Schmerz nicht wieder erleben. Wenn ich einem anderen mein Herz gebe, könnte er oder sie mich ablehnen oder sterben. Wenn ich meine ganze Energie in ein Kind investiere, läuft es vielleicht davon oder enttäuscht mich. Wenn ich einem Traum in mir Raum gebe, löst dieser Traum sich vielleicht in nichts auf. Vielleicht versage ich. Ich will ein solches Risiko nicht noch einmal eingehen. Wie kann ich mich vor einem Verlust schützen?"

Die Antwort auf diese Frage ist: Wir können uns auf dieser Welt nicht schützen. Die Leute glauben manchmal, Christ zu sein bedeute, einen Freifahrschein zu bekommen, der uns vor Leid bewahrt – aber das hat Jesus nie gesagt. Zu lieben heißt auch zu leiden. Jesus sagte, dass wir in dieser Welt Kummer und Sorgen haben werden. Wir können uns entscheiden zu lieben. Das bedeutet, dass wir ein Risiko eingehen und manchmal auch verletzt werden. Oder wir können uns entscheiden, uns zu schützen und zu sterben.

Viele haben den Film „Shadowlands" über den Schriftsteller C. S. Lewis gesehen: Als er neun Jahre war, starb seine Mutter. C. S. Lewis richtete sein Leben und seine Beziehungen so ein, dass er nicht riskierte, jemals wieder so tief verletzt zu werden.

C. S. Lewis wurde ein großartiger Christ, ein brillanter Schriftsteller und Denker, aber privat führte er ein vorsichtiges Leben. Als er Ende Fünfzig war, geschah etwas Überraschendes: Er verliebte sich in eine Frau, die er zufällig kennen gelernt hatte.

„Zu lieben heißt verwundbar zu sein."

Er war zwischen dem Wunder der Liebe und der tiefen Angst vor Verletzungen hin und her gerissen. Doch sie heirateten. In der Zeit wurde bei seiner Frau Krebs festgestellt. Trotz der Behandlung ging es ständig bergauf und bergab, schließlich starb sie.

Während ihrer Krankheit schrieb C. S. Lewis: „Zu lieben heißt verwundbar zu sein. Liebe irgendetwas, und dein Herz wird gewiss leiden. Möglicherweise bricht dir das Herz. Wenn du sicher sein willst, dass es intakt bleibt, darfst du dein Herz niemandem schenken. Nicht einmal einem Tier.

Hülle es vorsichtig mit Hobbys und kleinen Annehmlichkeiten ein. Vermeide alle Verwicklungen. Schließe es sicher in die Truhe oder den Sarg deines Egoismus ein. In diesem Sarg – sicher, dunkel, regungslos und ohne Luft – wird sich dein Herz verändern. Es wird nicht gebrochen, aber es wird unzerbrechlich, undurchdringlich und kann nicht erlöst und befreit werden."

Einige haben große Angst davor, wieder verletzt zu werden. Sie haben ihr Herz eingeschlossen. Sie weigern sich zu lieben, sie haben Angst davor zu träumen, vermeiden Freundschaften, fliehen vor Risiken und isolieren sich. Dieser Weg führt in den Tod. Für einige ist es Zeit, dass sie sich wieder für das Leben entscheiden, dass sie ihr Herz wieder öffnen und wieder Vertrauen wagen.

Das führt uns zur nächsten Frage. Es ist eine der tief greifendsten Fragen, die ein Mensch in dieser Welt voller Verluste stellen kann: „Wo ist Gott?" Wo ist er inmitten des Schmerzes und Leidens und angesichts des Todes und der Dunkelheit, die ein Fluch in dieser Welt sind? Wo ist Gott?

Ich möchte ehrlich sein: Ich habe keine einfachen Antworten, denn es gibt so vieles, was ich nicht verstehe. Einige glauben: Dass es Schmerz und Leiden gibt, bedeutet, es gibt Gott vielleicht überhaupt nicht.

Manchmal hört man die Frage: „Hätte Gott nicht eine andere Welt erschaffen können, in der es keinen Schmerz und kein Leid gibt und alles nach Plan läuft?" Jeden Tag könnte Gott ein Drehbuch schreiben, das vorgibt, was jeder einzelne Mensch zu sagen und zu tun hat. Und die Menschen könnten es tun. Alles würde nach diesem Drehbuch ablaufen.

Wie sähe eine solche Welt aus? Kennen Sie den Film „Die Frauen von Stepford"? Ein Ehepaar zog in ein kleines Dorf. Die Frau war ein lebhafter, selbständiger Typ. Die Frauen im Dorf waren alle immer so freundlich. Mit Begeisterung und Hingabe kochten, putzten, wuschen, bügelten und nähten sie den ganzen Tag und machten ihren Männern das Leben so angenehm wie möglich. Nie gab es irgendwelche Konflikte.

Neue Frauen kamen ins Dorf, die anders waren, selbständig, unternehmend. Doch nach einem „Urlaub" mit ihren Männern kamen sie verändert, ganz brav zurück. Zu ihrem Entsetzen entdeckte die selbständige Frau, dass diese Frauen keine Menschen mehr waren; sie waren Roboter geworden.

Die letzte Szene zeigt diese Frau, die früher immer lebhaft und unternehmend gewesen war. Jetzt kochte, putzte und nähte sie selig lächelnd den ganzen Tag. Am Ende des Films weiß man, dass sie ebenfalls ausgetauscht wurde. Sie war kein Mensch mehr.

Ich möchte alle Männer fragen: Möchte jemand eine Frau, die nur noch ein Roboter ist? Die keinen Verstand mehr hat, keinen eigenen Willen, und deren einziges Interesse es ist, uns zu bedienen, unser Essen noch vorzüglicher zuzubereiten, uns sexuell ekstatisch zu lieben und nie mit uns zu streiten?

Eine Frau, die nur versucht, uns jeden unserer Wünsche von den Augen abzulesen und zu erfüllen, bevor wir ihn auch nur aussprechen – möchte irgendein Mann eine solche Frau haben? Darauf gibt es nur eine einzige richtige Antwort: Nein.

Gott hätte eine „Stepford-Welt" ohne Verletzungen, Leiden oder Konflikte erschaffen können. Er hätte Roboter erschaffen können, die in jeder Hinsicht gehorsam sind. Aber Gott in seiner großen Liebe wollte Menschen. Nur unter Menschen kann es echte Liebe geben. In seiner Macht schränkte Gott sich ein und schuf uns als Menschen.

Das bedeutete unweigerlich, dass Menschen sich frei entscheiden können, zu gehorchen oder nicht zu gehorchen. Wenn sie wollen, können Eltern ihre Kinder vernachlässigen, statt sie zu lieben. Statt ihnen zu essen zu geben, können die Reichen die Armen bestehlen. Statt miteinander Freundschaft zu schließen, können Völker sich bekriegen.

„Jede Träne, die je über das Gesicht eines Menschen gelaufen ist, der irgendwann gelebt hat, ist für ihn kostbar."

In der Bibel erfahren wir, dass der Sündenfall – das Auftreten der Sünde und die Entscheidung zum Ungehorsam – Kräfte des Todes, Schmerzes und Leids in unsere Welt brachte.

Wir müssen bei all dem sehr deutlich sehen, was Gott empfindet. Manchmal verstehen Menschen das völlig falsch und stellen sich Gott als eine grausame Gestalt vor, die Schmerzen und Leid über die Menschen bringt – ein Wirbelsturm oder Unfall, der das eine Haus verschont, aber das andere zerstört.

Die Bibel beschreibt den Tod nicht als ein Werkzeug Gottes, sondern als seinen Feind. Die

Worte, die in der Bibel für den Tod verwendet werden, zeigen, dass er der Feind ist: „Der letzte Feind“ (1. Korinther 15,26). Gott ist unveränderlich gegen den Tod.

Egal, was man in unseren Tagen auch darüber hört: Der Tod gehört nicht natürlich zum Leben dazu. Der Tod war nicht Gottes ursprünglicher Plan, und er ist nicht seine letzte Absicht für die Menschen. Der Tod ist unnatürlich und böse. Man braucht sich nur den Körper eines Verstorbenen anzuschauen, dann weiß man, dass das nicht Gottes Plan für die Menschen sein kann, die er liebt.

Wo ist Gott? Jesus sagt, dass Gott bei denen ist, die Leid tragen; der Tag wird kommen, an dem alle Menschen vor ihm stehen werden. Dort wird er auf die leidenden Menschen deuten – auf die Armen, Hungrigen und Gefangenen – und sagen: „Was ihr dem Geringsten von ihnen getan habt, das habt ihr mir getan“ (Matthäus 25,40).

Das ist die Botschaft des Kreuzes. Am Kreuz hat Jesus mehr als unsere Schuld und Sünde auf sich genommen. Er nahm auch unsere Leiden und Schmerzen auf sich. In der Bibel wird Jesus der „Mann der Schmerzen“ genannt. Darüber nachzudenken lohnt sich. Von allen Göttern, die Menschen je angebetet haben, leidet nur der Gott der Bibel mit der Menschheit und für die Menschheit.

Das vielleicht tief greifendste Buch über das Leiden, das ich kenne, stammt von Nicholas Woltersdorf: „Klage um einen Sohn" (Göttingen 1988). Woltersdorf unterrichtet an der Universität Yale. Er schrieb dieses Buch, nachdem sein Sohn Eric mit 25 Jahren beim Bergsteigen tödlich verunglückt war.

Woltersdorf schreibt, das Schlimmste am Tod seines Sohnes sei die Endgültigkeit. Er könne es kaum ertragen, Bilder von Eric anzuschauen, auf denen er als Sechsjähriger einen Fisch hochhielt, der größer war als er selbst. Er weiß, er wird in seinem Leben keine neuen Bilder von Eric mehr sehen.

Erst einige Zeit nach Erics Tod hatte er Kisten mit Erics Sachen weggeräumt, weil er vorher nicht fähig gewesen war, das zu tun. Es war, als höre er die Stimme seines Sohnes sagen: „Hallo Papa, ich bin wieder da."

Als ihm bewusst wurde, dass er diese Stimme

nie wieder hören würde, lernte er zu sehen, wie sehr Gott leidet. Er schrieb einige der tief greifendsten Worte, die ich je über Gott gehört habe: „Über Gott wird in der Bibel gesagt, dass kein Mensch sein Angesicht sehen und leben könne. Ich hatte immer gedacht, das bedeute, dass niemand Gottes Herrlichkeit sehen und leben könne. Ein Freund sagte: Vielleicht bedeutet es auch, dass niemand Gottes Leiden sehen und leben kann. Vielleicht ist Gottes Leiden auch seine Herrlichkeit. Das vielleicht Größte an Gott ist, dass er sich dafür entscheidet, mit uns zu leiden, obwohl er es nicht müsste." In einem Lied heißt es: „Egal, was du durchgemacht hast, er ist trotzdem dein Gott. Jede Träne, die je über das Gesicht eines Menschen gelaufen ist, der irgendwann gelebt hat, ist für ihn kostbar."

Wie lebe ich, wenn ich den Stürmen nicht aus dem Weg gehen kann?

Ich weiß, dass kein Leben vor dem Sturm verschont bleibt. Auch meines nicht. Wie lebe ich angesichts dieser Wahrheit? Jesus sagte: „In dieser Welt habt ihr Sorgen und leidet unter Verlusten. Habt keine Angst, seid guten Mutes und setzt euer Vertrauen auf mich, denn ich bin stärker als diese Welt, und ich bin stärker als der Tod" (Johannes 16,33, frei übers.). Wir werden aufgefordert, uns an Gott zu halten und jeden Augenblick unseres Lebens als Geschenk von ihm anzunehmen.

Chuck ist mein Freund, solange ich zurückdenken kann. Wir haben uns miteinander durch die Schule und das Studium gekämpft. Ich war Trauzeuge bei seiner Hochzeit, und er war Trauzeuge bei meiner Hochzeit. Er ist ein unvergleichliches Original. Bei einem Klassentreffen stellten wir ein kleines Buch zusammen, in dem unter jedem Namen aufgeführt wurde, was er seit der Schule erreicht hatte. Alle schrieben das hinein, worauf sie am meisten stolz waren: ihren Studienabschluss oder eine berufliche Karriere. Chuck ist Arzt in Atlanta und hat viel geleistet. Er schrieb: „Ich habe gelernt, durch die Nase Mundharmonika zu spielen."

Vor einigen Jahren rief er mich aus heiterem Himmel an und erzählte mir, dass bei ihm Krebs festgestellt worden sei. Die Prognosen sähen ziemlich gut aus. Er müsse sich drei Monate lang einer Chemotherapie unterziehen.

Typisch für Chuck: Statt zu warten, bis ihm die Haare ausfielen, wie es die meisten tun würden, ging er los, kaufte sich einen Wegwerfrasierer und rasierte sich den Kopf kahl. Dann kaufte er blauen, glitzernden Goldstaub, bedeckte den Kopf damit und nannte sich „Chemo-Mann".

Ich rief ihn jeden Samstagmorgen an, und wir redeten darüber, wie alles bei ihm und bei mir lief. Ich war in Kalifornien und er in Atlanta. Die Chemotherapie machte ihm sehr stark zu schaffen. Er sah aus wie ein Skelett.

Einmal fing er sich eine Infektion ein und wäre beinahe gestorben. Gerade noch rechtzeitig wurde er ins Krankenhaus gebracht.

Als die Behandlungen vorbei waren, wurde er allmählich wieder kräftiger, nahm zu und sah auch langsam wieder so aus wie früher. Einen Monat nach der letzten Behandlung musste er zur ersten Nachsorge-Untersuchung antreten.

Am Abend rief er mich an: „Ich war heute wieder beim Onkologen. Die Ergebnisse sind da: Die

Tumormarker sind wieder genauso hoch wie vor Beginn der Behandlung." Die Behandlung war erst einen Monat vorher beendet worden. Chuck ist Arzt. Er wusste, dass dies einem Todesurteil gleichkam.

Ich werde nie vergessen, wie ich an diesem Abend nach Hause fuhr, mich ins Bett legte und dachte, dass ich jetzt unbedingt für meinen besten Freund beten müsse.

Liebt das Leben, denn dafür seid ihr geschaffen.

Ich konnte nicht beten. Ohne Pause ging mir der Gedanke durch den Kopf, jemandem müsse ein Fehler unterlaufen sein.

Am nächsten Morgen um halb sieben Uhr bekam ich einen Anruf von Chuck: „Der Arzt hat mich angerufen. Jemand im Labor hat einen Fehler gemacht und meine Laborwerte mit denen von jemand anderem verwechselt."

Er musste noch einmal zum Onkologen und wurde erneut untersucht. Seine Werte waren in Ordnung. Sie sind es immer noch. Mein bester Freund wird am Leben bleiben. Selbst der Mann, dessen Werte mit seinen vertauscht worden waren und dem damals die Therapie bevorstand, ist wieder gesund.

Ich erinnere mich noch, dass ich zu Chuck sagte: „Wirst du den Kerl im Labor, der deine Werte vertauscht hat, anzeigen?“ Chuck fragte: „Ihn anzeigen? Machst du Witze? Ich werde ihm um den Hals fallen!“

Das Leben ist so einfach. Ich mache mir so viele Gedanken um Dinge, die nicht wichtig sind, um Geld, Erfolg, Besitz oder die Zukunft. Gott sagt: „Jeder Augenblick, den ihr habt, ist ein Geschenk von mir. Nehmt ihn dankbar an und freut euch über das Geschenk des Lebens. Liebt die Menschen, denen ihr nahe steht, und lernt mich kennen. Setzt euer Vertrauen auf Jesus Christus, der euch liebt und der für euch starb. Liebt das Leben, denn dafür seid ihr geschaffen.“

Woltersdorf beschäftigt sich am Ende seines Buches mit Worten der Bibel über die Auferstehung. Er stellte sich diese vielen Menschen vor, die Gott auferwecken wird. Gott denkt an *jeden* Menschen, der je gelebt hat und gestorben ist. Gott kennt sie alle.

Die Bibel sagt, dass dieser Tag kommen wird. Vielleicht kommt er nicht heute oder morgen, aber es wird der Tag kommen, an dem dies wahr werden wird. Das Zuhause Gottes wird unter den Menschen sein, und er wird unter ihnen wohnen als ihr Gott. Sie werden sein Volk sein. Gott selbst wird bei ihnen sein, „und Gott wird abwischen alle Tränen von ihren Augen und der Tod wird nicht mehr sein noch Leid noch Geschrei noch Schmerz wird mehr sein; denn das Erste ist vergangen“ (Offenbarung 21,3-4).

Stark, wenn wir Betrug und Verrat erfahren

Jemand, auf den Sie sich verlassen, gibt Ihnen ein Versprechen und bricht es. Ein Freund erzählt ein Geheimnis weiter, das Sie ihm anvertraut haben. Ein Geschäftspartner gewinnt Ihr Vertrauen, nutzt Sie dann aus und fügt Ihnen damit einen schmerzlichen finanziellen Schaden zu. Sie arbeiten jahrelang treu für Ihren Arbeitgeber, doch dann wird Ihnen unfair gekündigt. Eine Frau, die eine Liebesbeziehung zu Ihnen eingegangen ist, beginnt heimlich eine andere Beziehung.

Warum uns Verrat so tief verletzt

Jeder, der schon einmal betrogen wurde, muss lernen, wie er sich davon erholen kann und wie er selbst ein vertrauenswürdiger Mensch wird, der nicht seinerseits andere betrügt. Verrat kann uns im Innersten erschüttern. Es fühlt sich an, als wäre uns mit einem Dolch ins Herz gebohrt worden.

Wenn wir von einem Feind verletzt werden, trifft uns das nicht überraschend. Wenn es Leute sind, von denen wir wissen, dass sie gegen uns sind, heben wir unseren Schutzschild oder suchen Rückendeckung.

Verrat heißt, dass man von jemandem verletzt wird, von dem man dachte, man könne sich auf ihn verlassen. Verrat ist immer ein Vertrauensbruch. Er kommt durch einen Freund, einen Ehepartner, einen Kollegen oder Vorgesetzten.

Oft wollen wir nicht verwundbar sein, aber wenn man nie verwundbar ist und nie ein Risiko eingeht, wird man nie Intimität erleben. Das funktioniert nur durch Vertrauen, Risikobereitschaft, Verwundbarkeit, tieferes Vertrauen und tiefere Intimität.

Wenn wir verraten wurden, fragen wir uns: „Kann ich überhaupt jemandem vertrauen? Ich will so einen Schmerz nicht noch einmal erleben und auch nicht mehr so tief fallen. Vielleicht wäre es sicherer, überhaupt niemandem zu vertrauen.“ Deshalb galt Verrat schon immer als sehr zerstörerisch.

Das erste Buch von Dantes „Göttlicher Komödie“ spielt in der Hölle. Dante stellt sich mehrere Ebenen vor. Die schwereren Sünden werden auf den tieferen Ebenen bestraft. Die Ebene für Eitelkeit ist weit oben. Die Ebene für Habgier liegt tiefer; für Lügen ist sie noch tiefer. Verrat rangiert auf der untersten Ebene. Menschen, die andere verraten, die sie eigentlich lieben sollten, begehen in Dantes Augen die schlimmste Sünde.

Verrat ist das absolute Gegenteil von Liebe. Die Bibel sagt, das oberste Gebot ist, Gott und unsere Mitmenschen zu lieben. Liebe die, denen du versprochen hast, dass du sie liebst. Verrat heißt, dass man Menschen verletzt, denen man versprochen hat, sie zu lieben.

Bei einigen schlägt der Sturm des Verrats im Elternhaus zu. Eltern versprechen, dass sie sich um ihre Kinder kümmern. Aber viele Kinder werden vernachlässigt, im Stich gelassen, ausgelacht oder missbraucht. Und das durch die Menschen, die sie lieben sollen.

In unserer frühesten Kindheit hätten Menschen da sein sollen, die uns auffingen, damit wir lernten, dass wir bei vertrauenswürdigen Menschen in Sicherheit sind. Aber diese Menschen haben uns verraten.

Viele, die in einer solchen Umgebung aufwachsen, werden sehr misstrauisch. Ihnen fällt es schwer, sich irgendjemandem gegenüber verwundbar zu zeigen.

Einige Menschen vertrauen zu impulsiv und zu schnell. Dadurch musste mancher schmerzlich erfahren, wie es ist, wenn man von jemandem verraten wird, den man für einen Freund hielt.

Eine der schmerzlichsten Erfahrungen habe ich mit einem Mann gemacht, den ich für meinen Freund hielt. Wir unternahmen nicht nur viel miteinander. Ich vertraute ihm auch einige sehr persönliche Dinge von mir an.

Einige Zeit später fand ich heraus, dass dieser Kerl, den ich für meinen Freund gehalten hatte, jemandem diese Geheimnisse von mir verraten hatte. Die beiden hatten darüber gelacht. Das tat sehr weh.

Eine andere Kategorie ist Betrug in der Geschäftswelt. Wenn Menschen versuchen, unser Vertrauen zu gewinnen, und es dann verletzen. Diese Form von Verrat hat fast schon epidemieartige Formen angenommen.

Kürzlich sprach ich mit einem Manager, der jemanden angestellt, ausgebildet, zu Fortbildungen geschickt und ihm vertraut hatte. Dieser Mensch gründete dann eine eigene Firma, als eine direkte Konkurrenz zur Firma meines Bekannten. Die neue Firma stahl skrupellos Ideen, die geistiges Eigentum der anderen Firma waren.

Ein anderer Geschäftsmann erzählte mir von zwei leitenden Angestellten in der Spar- und Kreditbranche, die eine ganze Anzahl von Leuten dazu brachten, ihnen zu vertrauen. Dabei betonten sie besonders, dass sie überzeugte Christen seien. Später stellte sich heraus, dass sie die ganze Zeit Unterschlagungen begangen hatten. Als Folge wanderte eine Reihe unschuldiger

Menschen ins Gefängnis, die ihr Vertrauen zu den beiden bitter bezahlen mussten. Ein Mann beging Selbstmord.

Wie wir auf Verrat reagieren

Ich möchte nicht falsch verstanden werden. Jesus hat nicht gesagt: „Lasst euch von Leuten betrügen und unternehmt nichts dagegen."

Wenn man verraten wird, ist die natürliche Reaktion darauf, dass man die Schuldigen bestrafen will. Oft ist man sehr wütend und will andere ebenfalls verletzen. Soweit ich weiß, ist die folgende Geschichte aus der *Los Angeles Times* wahr.

Ein Mann sah die Kleinanzeigen in der Zeitung durch und stieß auf einen fast neuen Porsche, der zum Verkauf angeboten wurde. Er war in erstklassigem Zustand und hatte erst wenige Kilometer auf dem Tacho. Trotzdem wurde er für 50 Dollar angeboten. Der Mann rief bei der angegebenen Nummer an und fuhr zu dem Haus. Es stimmte: Der Porsche war in erstklassigem Zustand, war nur wenige Kilometer gefahren, hatte keine Kratzer und wurde für 50 Dollar verkauft.

Er war der Einzige, der sich auf die Anzeige gemeldet hatte; alle anderen hatten sie offensichtlich für einen Scherz gehalten. Und so kaufte er das Auto. Er war aber trotzdem neugierig. Bevor er abfuhr, fragte er die Frau, von der er das Auto gekauft hatte: „Wie kommt es, dass Sie einen solchen Wagen für 50 Dollar verkaufen?“

Sie antwortete: „Ich kann Ihnen den Grund sagen. Das Auto gehörte meinem Mann. Dieses Aas hat eine Affäre mit einer anderen Frau und hat mich verlassen. Er hatte nicht einmal den Mut, es mir ins Gesicht zu sagen. Er schrieb einfach einen Zettel: ‚Ich verlasse dich. Du kannst alles behalten, das Haus, die Kinder und die Konten. Verkaufe nur den Porsche und schicke mir das Geld.‘“

Wenn jemand uns verletzt hat, ist es nur natürlich, dass wir ihn auch verletzen wollen.

Eine andere natürliche Reaktion ist häufig, zu leugnen. Vielen Menschen fällt es schwer, die Wahrheit, dass sie verraten wurden, zu akzeptieren.

Einmal kam ein Ehepaar zu mir in die Seelsorge. Sie waren noch nicht lange verheiratet, und die Ehe war schwierig. Sie hatten begonnen, sich Briefe zu schreiben, als er im Gefängnis saß, und die Frau wollte ihm helfen, dass er bald aus dem Gefängnis freikam.

Egal, wie sehr ich selbst betrogen wurde, ich werde – so gut ich kann – als vertrauenswürdiger Mensch leben.

Als er draußen war, heirateten sie. Eines Nachts kam er nicht nach Hause. Die Frau fuhr zum Haus seiner Eltern und fand ihn dort im Bett mit einer anderen Frau.

Jetzt saßen die beiden vor mir, und er sagte: „Das war so: Ich hatte gearbeitet und bin danach mit ein paar Leuten ausgegangen. Wir feierten in mehreren Clubs, und dann fuhren wir alle mit dem Taxi nach Hause.

Wir setzten die anderen zu Hause ab. Aber diese Frau wohnte zu weit draußen, und so sagte ich dem Fahrer, er solle uns im Haus meiner Eltern absetzen. Es wäre zu teuer gewesen, sie bis nach Hause bringen zu lassen. Meine Eltern waren verreist.

Ich wollte sie nach Hause fahren, aber inzwischen war es schon ziemlich spät geworden. Ich war müde und legte mich ins Bett, um eine Weile zu schlafen. Offenbar stimmte etwas mit der Heizung im Haus nicht, die anderen Zimmer waren ziemlich kalt. Als ich eingeschlafen war, muss diese Frau wohl ins Bett geschlüpft sein, in dem ich schlief. Das Nächste, an das ich mich erinnere, ist, dass meine Frau da war."

Ich wollte ihm gerade ein paar Worte geigen und ihm klarmachen, dass er unsere Intelligenz nicht beleidigen solle. Aber seine Frau sagte schnell: „O nein. Ich glaube ihm."

Der Wahrheit ins Gesicht zu schauen, dass sie von ihrem Mann verraten und betrogen worden war, wäre für sie so schmerzlich gewesen, dass sie noch nicht bereit dazu war. Wenn Menschen einen schweren Verrat erleben müssen, leugnen sie oft erst einmal alles. Man kann es nicht erzwingen. Häufig muss erst eine gewisse Zeit vergehen, ehe sie bereit sind, den Tatsachen ins Auge zu schauen.

Verrat ist eine unvergleichlich schmerzliche Wunde. Manchmal macht man eine Phase durch, in der man sich nicht nur verletzt fühlt, sondern sich auch für vollkommen dumm hält. Man meint, man hätte es kommen sehen müssen: „Wie konnte ich nur so blind sein?" Man gibt sich selbst die Schuld.

Daraus können wir einiges lernen. Wer tief verletzt wurde, wird versuchen sich abzukapseln. Er hat das Gefühl: „Ich wurde verletzt. Ich muss mich schützen und will nie wieder verwundbar sein oder jemandem trauen." Natürlich heißt das, dass er nie erfahren wird, was Liebe ist.

Wie bekomme ich die Kraft, wenn ich Untreue und Verrat erlebe?

Wie können wir in einer Welt leben, in der Untreue und Verrat übliche Verhaltensmuster sind?

Bevor wir auf einen Betrug reagieren, sollten wir eine grundlegende Entscheidung treffen: Egal, wie sehr ich selbst betrogen wurde, ich werde – so gut ich kann – als vertrauenswürdiger Mensch leben. Wir müssen uns dafür entscheiden, selbst vertrauenswürdig zu sein. Als Freund, Arbeitgeber, Ehepartner oder Elternteil: Entscheiden Sie sich, ein vertrauenswürdiger Mensch zu sein.

Entscheiden Sie: „So wahr mir Gott helfe, werde ich gegebene Versprechen einhalten, Vertrauen nicht brechen und Klatsch vermeiden. Ich werde mich in meine Ehe und in meine Beziehungen voll investieren. Ich werde Menschen respektieren, mit denen ich durch meine Arbeit in Kontakt komme, und ich werde sie nicht benutzen, nicht manipulieren und nicht täuschen."

Wenn Sie diese Entscheidung treffen, werden Sie früher oder später in einen Konflikt kommen. Wahrscheinlich eher früher. Dann müssen Sie sich entscheiden: Werde ich bei dieser Entscheidung bleiben und zu den Menschen halten, denen ich treu sein muss, oder schlage ich einen anderen, bequemeren Weg ein?

In der Bibel heißt es: „Ein Bruder wird für die Not geboren", und: „Es gibt Freunde, die hangen fester an als ein Bruder" (Sprüche 17,17; 18,24). Wir werden an einige Weggabelungen kommen, an denen Loyalität uns etwas kostet und wo wir uns entscheiden müssen, welche Richtung wir einschlagen.

Wenn wir an eine Weggabelung kommen und uns überlegen, ob wir ein vertrauenswürdiger Mensch sein wollen oder nicht, müssen wir wissen, ob wir uns für Sicherheit entscheiden oder für den Schmerz, den es manchmal kostet, ein Versprechen zu halten, eine Verpflichtung zu erfüllen oder einer Liebe treu zu sein. Ein Freund oder Bruder wird für die Not geboren.

Wie wir aus dem Kreislauf ausbrechen

Einige haben erlebt, dass sie verraten wurden. In einem interessanten Bericht habe ich davon gelesen, dass häufig ein bestimmtes Verhaltensmuster von Generation zu Generation weitergegeben wird. Vieles wiederholt sich.

Wir können sagen: „Ich werde diesen Kreislauf unterbrechen und ein Mensch sein, der vertrauenswürdig ist und das Vertrauen nicht missbraucht, das mir in meinen Beziehungen geschenkt wird. Ich will mich nicht nur von großen Betrügereien fern halten – die Dinge, die in die Schlagzeilen kommen –, sondern werde auch im Kleinen niemanden verraten oder betrügen.

Ich werde in meiner Ehe immer die Wahrheit sagen und mich dafür entscheiden, die Wahrheit nicht zu verschleiern, nur um Konflikte oder Schmerzen zu vermeiden. Ich will Menschen, mit denen ich zusammenarbeite, nicht benutzen oder manipulieren. Ich werde Kindern oder meinen Freunden keine Versprechen machen, die ich nicht halten kann, und auch keine persönlichen Informationen über andere missbrauchen. Ich werde nicht über andere tratschen."

Es ist eine wunderbare Sache, Teil einer Gemeinschaft von verlässlichen Menschen zu sein. Wer aber jemanden auf die eine oder andere Weise betrogen, jemanden getäuscht oder einen Vertrauensbruch begangen hat, muss den nächsten Schritt gehen.

Wenn das bei Ihnen der Fall ist, müssen Sie diesen betrogenen Menschen aufsuchen, ihn um Vergebung bitten und die Dinge in Ordnung bringen. (Wenn es sich um einen wirklich schweren Betrug oder Verrat handelt, wie eine Affäre in einer Ehe, ist es vielleicht ratsam, zuerst einen

Seelsorger oder Berater aufzusuchen, der Ihnen helfen kann, die richtigen Schritte zu erkennen und sie zu gehen. Es gibt keine allgemein gültige Lösung, wie man mit seinem Ehepartner darüber spricht, dass man ihn betrogen hat.)

Einige stecken vielleicht gerade in einer Situation, wo sie jemanden betrügen. Das muss auf der Stelle aufhören. Sie haben eine Richtung eingeschlagen, die in einem Verrat endet, wenn Sie diesen Weg weitergehen.

Ein Freund oder Bruder wird für die Not geboren.

Sie müssen auf der Stelle umkehren. Greifen Sie zum Telefon und sagen Sie, dass es vorbei ist. Tun Sie, was Sie tun müssen, egal, was es ist. Wenn Sie nicht die Entscheidung treffen, dass Sie ein Mensch sein wollen, der treu und vertrauenswürdig ist, werden Sie am Ende Ihres Lebens sehr vieles bedauern. Entscheiden Sie sich, vertrauenswürdig zu sein.

Geben Sie sich nicht für Betrügereien her. Das kann eine echte Versuchung sein. Wenn jemand in der Geschäftswelt viel auf die Beine stellt und

Gewinn macht, kann es sein, dass Sie sich zu schnell auf eine Beziehung zu ihm einlassen, weil Sie nur noch Dollarzeichen sehen.

Auf der persönlichen Ebene zwischen Mann und Frau kann es sein, dass wir zu schnell zu weit gehen, wenn jemand sehr attraktiv aussieht oder sehr zuvorkommend ist. Vertrauen Sie nicht einfach jedem. Bevor Sie sich auf eine Bindung zu jemandem einlassen, sollten Sie lieber einen genauen Blick auf den Charakter dieses Menschen werfen.

Die Schreiber der Bibel gehen sogar noch einen Schritt weiter und sagen nicht nur: Du sollst vorsichtig sein, ehe du dich auf eine Verpflichtung einlässt. Sie sagen auch: Wenn du dich bereits mit jemandem auf eine bindende Beziehung eingelassen hast – geschäftlich oder sonstwie – und weißt, dass dieser Jemand entscheidende Charakterschwächen hat oder dass es auf einen Betrug hinausläuft, dann löse dich aus dieser Beziehung. Führe ein klärendes Gespräch mit den entsprechenden Leuten: „Mein Sohn, hast du gebürgt für deinen Nächsten und hast du Handschlag gegeben für einen andern, und bist du gebunden durch deine Worte und gefangen in der Rede deines Mundes, ... denn du bist in deines Nächsten Hand" (Sprüche 6,1-3).

Es ist eine wunderbare Sache, Teil einer Gemeinschaft von verlässlichen Menschen zu sein.

Wenn wir uns auf eine bindende Beziehung zu einem Menschen eingelassen haben, aber nicht viel über seinen Charakter wissen, können wir in ernsthafte Schwierigkeiten kommen. Wenn wir irgendwie können, müssen wir uns schnell daraus lösen. Schlucken Sie Ihren Stolz hinunter und lassen Sie sich nicht dadurch aufhalten, dass Sie das in Verlegenheit bringen könnte. Gehen Sie hin und bitten Sie darum, dass Ihr Name gelöscht wird. Schieben Sie es nicht vor sich her. Tun Sie es jetzt. Ruhen Sie erst, wenn Sie es getan haben. Die Bibel spricht hier eine unmissverständliche Sprache.

Wenn Sie sich auf eine bindende Beziehung eingelassen haben – geschäftlich oder privat – oder auf eine Beziehung, die Sie auf irgendeine Weise verpflichtet, und wenn es die Beziehung zu einem Menschen ist, der nicht vertrauenswürdig ist, sagt die Bibel: Tue, was du tun musst, auf ethisch korrekte und liebevolle Weise, um aus dieser Beziehung herauszukommen.

Die Bibel sagt auch, dass wir vorsichtig sein sollen, an wen wir uns in einer engen Freundschaft binden, die unseren Charakter negativ beeinflussen kann: „Wer mit den Weisen umgeht, der wird weise; wer aber der Toren Geselle ist, der wird Unglück haben" (Sprüche 13,20).

Wie wir Vertrauen langsam wachsen lassen

Wenn Sie vorhaben zu heiraten, sollten Sie sehr genau überlegen, was Sie tun. Der Apostel Paulus drückte es so aus: „Zieht nicht am fremden Joch mit den Ungläubigen" (2. Korinther 6,14). Gehen Sie nicht in einer Ehe eine lebenslange Verpflichtung gegenüber jemandem ein, der nicht Ihre Glaubensgrundlagen teilt. Die Bibel rät uns aufzupassen, wem wir vertrauen.

Für manche ist es am wichtigsten zu lernen, weise Vertrauen wachsen zu lassen. Einige schenken ihr Vertrauen zu schnell. Es gibt verschiedene Stufen, wie Vertrauen wachsen kann.

Die erste Stufe könnten wir „provisorisches Vertrauen" nennen. Es ist ein kleiner Vertrauensschritt. Wir liefern einem anderen nicht unser ganzes Leben aus. Wenn wir zum Beispiel auf den Parkplatz fahren und ein Mann mit orangefarbener Weste sagt: „Fahren Sie nach links", sagen wir: „Gut, ich fahre nach links." Wir vertrauen diesem Menschen ein kleines bisschen.

Wir gehen ein angemessenes Risiko ein und beobachten, wie der andere reagiert. Wenn er vertrauenswürdig reagiert, gehen wir langsam und im Laufe der Zeit immer größere Risiken ein: provisorisches Vertrauen, angemessenes Risiko, Beurteilung der Reaktion und dann Schritt für Schritt mehr Vertrauen.

Mit einem Mann bin ich seit vielen Jahren befreundet. Unsere Beziehung wurde immer tiefer. Schließlich erreichte sie einen Punkt, an dem ich das Gefühl hatte, dass ich mit diesem Menschen über alles sprechen könnte. Ich wusste, ich könnte die Arme ausstrecken, mich zurückfallen lassen und mich ihm ohne Vorbehalte anvertrauen. Es hatte zehn Jahre gedauert, bis ich zu diesem Punkt kam.

Ich plante eine Zeit ein, in der ich mit ihm sprechen wollte. Das hatte ich vorher noch nie absichtlich getan. Ich redete über die tiefsten Probleme meines Lebens, die zum Teil beschämend waren und mich verwundbar machten.

Wahrscheinlich warten Sie jetzt darauf, dass ich Ihnen erzähle, was das war. Ich kenne Sie nicht und werde es deshalb nicht tun. Aber ihm habe ich es erzählt. Ich lud alles bei ihm ab. Er enttäuschte mich nicht.

Ich fürchtete, er würde mich ablehnen, sich vor mir zurückziehen oder nie wieder etwas mit mir zu tun haben wollen. Stattdessen sagte er: „Ich fühle mich dir jetzt näher als je zuvor."

Neulich habe ich ungefähr eine Stunde lang mit ihm gesprochen, da Gott zurzeit an einigen wirklich ernsten Dingen in meinem Leben arbeitet. Ich weiß, dass ich mit jemandem darüber sprechen muss, wenn ich an diesen Punkten weiterkommen will, und mit diesem Freund kann ich das.

Gegen Ende unseres Gesprächs sagte er: „Es lohnt sich, diese Gespräche zu führen, allein schon, weil daraus Nähe und Leben entsteht." So etwas geschieht immer nur Schritt für Schritt.

Vergebung bedeutet: Sie verzichten auf Ihr Recht, den anderen wieder zu verletzen, und Sie lassen ihn los.

Manche Menschen haben zu schnell und zu überstürzt jemandem vertraut. Sie müssen die Bremse ziehen und in Zukunft kleinere Schritte gehen. Einige sind sehr lange kein Risiko mehr in Beziehungen zu anderen eingegangen. Sie müssen versuchen, sich einem Freund anzuvertrauen: „Ich werde dir Einblick in einen Teil meines Lebens gewähren, den ich vorher unter Verschluss gehalten habe." Sie sollten aber diesen Freund gut genug kennen, damit das Risiko nicht zu groß ist.

Vielleicht wurden Sie betrogen und verraten und Ihre Wunden sind noch frisch. Wenn Sie keine Heilung suchen, steuern Sie auf eine Straße zu, auf der Sie vom Wunsch nach Rache verzehrt werden. Das ist eine natürliche Reaktion. Wenn Sie nicht aufpassen, wird dieser Wunsch, jemandem Schmerzen zuzufügen, Sie verzehren.

Ein Mann ging zum Arzt, weil ihn ein Hund gebissen hatte. Der Arzt untersuchte ihn und sagte: „Es besteht kein Zweifel: Sie haben Tollwut." Der Mann nahm Papier und Bleistift und fing an, etwas aufzuschreiben.

Der Arzt vermutete, dieser Mann halte Tollwut für eine tödliche Krankheit und schreibe sein Testament. Er versuchte, den Patienten zu beruhigen: „So schlimm ist es nicht. Sie müssen jetzt nicht Ihr Testament schreiben. An Tollwut stirbt man normalerweise nicht. Tollwut kann behandelt werden." Der Mann erwiderte: „Das weiß ich. Ich schreibe mir nur gerade eine Liste der Leute auf, die ich beißen werde."

Einige von uns gehen auf der Straße der Bitterkeit und des Hasses und erstellen Listen. Wenn Sie auf dieser Straße weitergehen, wird der Weg Sie zerstören. Sie werden die Rechnung nie ausgleichen können. Dieser Weg führt zum Tod.

Wenn Sie auf schlimme Weise verraten wurden, können Sie dem anderen nie genug Schmerz zufügen, um sagen zu können, Sie wären quitt. Letztendlich kann Sie nur eines heilen: das Wunder der Vergebung. Sie ist das Einzige, was einer menschlichen Seele Heilung bringt.

Das bedeutet nicht notwendigerweise, dass Sie sich mit demjenigen versöhnen müssen, der Sie verraten hat. Vielleicht gibt dieser Mensch zu, was er Ihnen angetan hat, vielleicht sieht er es aber auch nie ein und verdreht die Wahrheit.

Sie können sich nur versöhnen, wenn beide Seiten die Wahrheit anerkennen. Vergebung ist also nicht das Gleiche wie Versöhnung. Vergebung bedeutet: Sie verzichten auf Ihr Recht, den anderen wieder zu verletzen, und Sie lassen ihn los. Das ist ein Wunder.

Was unsere Wunden heilt

Hin und wieder erhaschen wir einen Blick auf dieses Wunder. Vor kurzem habe ich eine erstaunliche Geschichte gelesen. Zwei Menschen waren daran beteiligt. Der eine war früher als US-Soldat in Vietnam, die andere war eine Vietnamesin.

Das wahrscheinlich berühmteste Bild aus dem Vietnamkrieg ist das Bild eines neunjährigen

Mädchens, das in Panik aus einem Dorf rennt, auf das Napalm geworfen wurde. Das Kind erlitt schwere Brandverletzungen, und auf seinem Gesicht lag blankes Entsetzen.

Der Name des Kindes war Kim Foo. Der Fotograf war damals selbst erst 21 Jahre alt. Er machte das Foto und brachte das Mädchen dann schnell ins Krankenhaus. Innerhalb von 15 Minuten war er mit ihr dort, aber die Ärzte glaubten nicht, dass Kim Foo ihre Verletzungen überleben würde. Sie hatte schlimme Brandwunden und musste mehrere Operationen über sich ergehen lassen, aber sie überlebte.

Dann wurde sie lange Zeit von der vietnamesischen Regierung für Propagandazwecke missbraucht, aber schließlich konnte sie fliehen. Sie lernte Jesus Christus kennen, wurde Christin und übergab ihr Leben Gott.

Der US-Soldat John Plummer war der Pilot, der den Luftangriff auf dieses Dorf in Vietnam ausgeführt hatte. Er hatte die Napalmbombe geworfen. Damals hatte er gedacht, alle Zivilisten seien evakuiert worden.

Eines Tages sah er das Foto von Kim Foo und

begriff, was er getan hatte. Er sah das Bild nicht nur einmal. In jenen Tagen konnte man kaum eine Zeitung aufschlagen oder ein Fernsehprogramm einschalten, ohne dieses Bild zu sehen.

Die Schuld zerstörte Johns Familie und ihn selbst. Er wurde geschieden und war jahrelang Alkoholiker. Schließlich lernte er jemanden kennen, der ihm von Gott erzählte. John Plummer bat Jesus Christus, Herr über sein Leben zu werden. Er besuchte eine Bibelschule und ist jetzt Pastor.

Vergebung ist das Einzige, das die tiefsten Narben, die die Stürme dieses Lebens hinterlassen können, heilt.

Dann fand er heraus, dass dieses neunjährige Mädchen jetzt in Toronto lebte und in Washington beim Gedenktag für den Vietnamkrieg sprechen würde. Er fuhr nach Washington. Sie wusste nicht, dass er da war, als sie sprach.

Plummer erzählt, er könne sich nicht an viel von dem erinnern, was sie an diesem Tag sagte. Er weiß nur noch, dass sie sagte, was sie tun würde, wenn sie den Piloten träfe, der die

Napalmbombe geworfen hatte. Sie erklärte, sie würde ihm sagen, dass sie ihm vergeben habe. Sie könnten zwar die Vergangenheit nicht ändern, aber sie hoffte, sie könnten gemeinsam an der Zukunft bauen.

Dieser Mann hatte eine Bombe abgeworfen, die mehrere Menschen in ihrer Familie tötete und auch sie selbst beinahe das Leben gekostet hätte. Und jetzt begegneten sie sich. Plummer sagt: „Ich konnte nichts anderes sagen als: ‚Es tut mir Leid. Es tut mir so furchtbar Leid.'“

Jetzt, 25 Jahre später, war dieses Kind eine erwachsene Frau. Sie legte die Arme um ihn und sagte: „Es ist gut. Ich vergebe Ihnen. Ich vergebe Ihnen.“ Einige körperliche Narben sind immer noch da, so lange wir auf dieser Welt leben, aber es gibt andere Narben, die geheilt wurden. Neben ihnen sind die körperlichen Narben unbedeutend.

Vergebung ist das Einzige, das die tiefsten Narben, die die Stürme dieses Leben hinterlassen können, heilt. Wir müssen auf das Recht verzichten, den anderen ebenfalls zu verletzen, müssen Bitterkeit und Hass loslassen. Wir müssen den Menschen, der uns verraten hat, nicht nur als Ungeheuer sehen, sondern als Mensch, der auch verletzt wurde, und ihm vergeben. Nicht, weil derjenige, der uns verletzt hat, es verdient, sondern weil die Alternative ein Leben im Gefängnis der Bitterkeit und des Hasses ist.

„Vertraue mir. Ich habe noch nie jemanden fallen lassen, und ich werde auch dich auffangen. Vertrau mir nur."

In einer Welt, in der Verrat und Betrug an der Tagesordnung sind, lädt Gott uns ein, ihm zu vertrauen.

Manche sind tief verwundet worden und fragen sich, ob sie irgendjemandem vertrauen können. Ihre Fähigkeit zu vertrauen wurde beschädigt. Das hat Auswirkungen auf Menschen, aber auch auf unseren Glauben. Gott sagt: „Vertraue mir. Schütte dein Herz und deine Erfahrungen bei mir aus. Lass dich fallen. Ich werde dich auffangen."

Vielleicht haben Sie sich eines schlimmen Betrugs schuldig gemacht und fragen sich: Ist es möglich, dass mir je vergeben wird und ich wieder frei sein kann? Werden diese Narben je heilen? Gott sagt: „Vertraue mir. Lass dich fallen. Ich fange dich auf."

Das wichtigste Wort im Alten Testament über Gottes Einstellung zu den Menschen ist nicht einfach das Wort Liebe. Es ist ein Wort, das am besten mit „treuer" oder „beständiger" Liebe übersetzt werden kann. Es ist Gottes Antwort auf unsere Angst, dass uns jemand, von dem wir abhängig sind, verletzen oder verraten könnte.

Gott sagt: „Ich habe dich von Anfang an geliebt. Darum habe ich dich zu mir gezogen aus lauter Güte" (Jeremia 31,3). Gott weiß, was Verrat bedeutet. Jesus hat durch Verrat sein Leben verloren. Wissen Sie, wer der berühmteste Verräter in der ganzen Menschheitsgeschichte ist? Judas. Nach 2000 Jahren kennt man seinen Namen immer noch. Er war Jesu Jünger und Freund, und Jesus hat ihm vertraut.

Judas war der Kassenwart der kleinen Gruppe. Jesus hat ihm also das Geld anvertraut. Als Jesus ans Kreuz geschickt wurde, geschah das nicht einfach durch eine feindliche Regierung, bei der er mit Opposition rechnen musste, oder durch eifersüchtige Religionsführer, von denen er wusste, dass sie gegen ihn waren.

Es geschah nicht durch einen aufgestachelten Mob, der in der einen Woche „Hosianna“ und in der nächsten „Kreuzige ihn“ schrie. Sein guter Freund, der drei Jahre mit ihm zusammengelebt hatte, mit ihm gegangen war und mit ihm gegessen hatte, verriet ihn.

Judas verkaufte den Sohn Gottes für 30 Silberstücke. Jesus kennt also den Sturm, den Verrat auslöst, sehr gut. Als er am Kreuz hing, schaute er auf die ganze Menschheit hinab, die ihn verraten hatte: seinen Freund Judas, seine Anhänger, die geflohen waren, die Menschenmenge, die sich gegen ihn stellte, und die Religionsführer, die ihn mit offenen Armen hätten aufnehmen sollen.

Jesus bat: „Vater, vergib ihnen, denn sie wissen nicht, was sie tun“ (Lukas 23,34). Jesus streckte am Kreuz seine Arme aus und ließ sich in die Arme seines Vaters fallen. Derselbe Gott, der seinen Sohn auffing, sagt zu uns: „Vertraue mir. Ich habe noch nie jemanden fallen lassen, und ich werde auch dich auffangen. Vertrau mir nur.“